BEI GRIN MACHT SICH IHR WISSEN BEZAHLT

- Wir veröffentlichen Ihre Hausarbeit, Bachelor- und Masterarbeit

- Ihr eigenes eBook und Buch - weltweit in allen wichtigen Shops

- Verdienen Sie an jedem Verkauf

Jetzt bei www.GRIN.com hochladen und kostenlos publizieren

Bibliografische Information der Deutschen Nationalbibliothek:

Die Deutsche Bibliothek verzeichnet diese Publikation in der Deutschen Nationalbibliografie; detaillierte bibliografische Daten sind im Internet über http://dnb.d-nb.de/ abrufbar.

Dieses Werk sowie alle darin enthaltenen einzelnen Beiträge und Abbildungen sind urheberrechtlich geschützt. Jede Verwertung, die nicht ausdrücklich vom Urheberrechtsschutz zugelassen ist, bedarf der vorherigen Zustimmung des Verlages. Das gilt insbesondere für Vervielfältigungen, Bearbeitungen, Übersetzungen, Mikroverfilmungen, Auswertungen durch Datenbanken und für die Einspeicherung und Verarbeitung in elektronische Systeme. Alle Rechte, auch die des auszugsweisen Nachdrucks, der fotomechanischen Wiedergabe (einschließlich Mikrokopie) sowie der Auswertung durch Datenbanken oder ähnliche Einrichtungen, vorbehalten.

Impressum:

Copyright © 2018 GRIN Verlag
Druck und Bindung: Books on Demand GmbH, Norderstedt Germany
ISBN: 9783668881327

Dieses Buch bei GRIN:

https://www.grin.com/document/453331

Marlen Rademann

Trainingslehre 2. Ausdauertraining, Planung des Mesozyklus

GRIN Verlag

GRIN - Your knowledge has value

Der GRIN Verlag publiziert seit 1998 wissenschaftliche Arbeiten von Studenten, Hochschullehrern und anderen Akademikern als eBook und gedrucktes Buch. Die Verlagswebsite www.grin.com ist die ideale Plattform zur Veröffentlichung von Hausarbeiten, Abschlussarbeiten, wissenschaftlichen Aufsätzen, Dissertationen und Fachbüchern.

Besuchen Sie uns im Internet:

http://www.grin.com/

http://www.facebook.com/grincom

http://www.twitter.com/grin_com

Deutsche Hochschule für
Prävention und Gesundheitsmanagement
Hermann Neuberger Sportschule 3
66123 Saarbrücken

Einsendeaufgabe

Fachmodul: Trainingslehre 2

Studiengang: Fitnessökonomie

Datum
Präsenzphase: 30.11.2016 - 02.12.2016

Name, Vorname: Rademann, Marlen

Studienort: **Leipzig**

Semester: **WS 15**

Inhaltsverzeichnis

1	TEILAUFGABE 1 - DIAGNOSE	3
1.1	Allgemeine und biometrische Daten	3
1.2	Leistungsdiagnostik/ Ausdauertraining	5
1.3	Gesundheits- und Leistungsstatus der Person	6
2	TEILAUFGABE 2 – ZIELSETZUNG/ PROGNOSE	6
3	TEILAUFGABE 3 – TRAININGSPLANUNG MESOZYKLUS	7
3.1	Grobplanung Mesozyklus	7
3.2	Detailplanung Mesozyklus	8
3.3	Begründung zum Mesozyklus	8
4	TEILAUFGABE 4 - LITERATURRECHERCHE	11
5	LITERATURVERZEICHNIS	14
6	TABELLENVERZEICHNIS	15

1 Teilaufgabe 1 - Diagnose

1.1 Allgemeine und biometrische Daten

Tab. 1: Allgemeine und Biometrische Daten

Name	XY
Geschlecht	Weiblich
Alter	30 Jahre
Größe	178 cm
Gewicht	80 kg
Beruf, Arbeitszeiten	Verkäuferin im Einzelhandel, 40 h/ Woche
Berufliche Tätigkeit	Leichte, sitzende und stehende Tätigkeit
Trainingsmotive	Mehr Ausdauer und fitter fühlen, Gewichtsreduzierung Verbesserung des Blutdrucks
Aktuelle sportliche Aktivitäten	Jeden Donnerstag 2 Stunden Volleyball Training in der Halle oder Sand, Kreisklasse Niveau, ca. 1x pro Monat Teilnahme am Freizeitturnier 1-2x pro Woche mit dem Rad zur Arbeit (10km Gesamtstrecke)
Frühere sportliche Aktivitäten	Spielt Volleyball seit 15. Lebensjahr 2015: 1 Jahr lang 2x EMS pro Woche 2014: 3 Monate lang 2x Muskel- Training im Fitnessstudio pro Woche
Zeitlicher Verfügungsrahmen	2- 3 mal pro Woche, 1 Stunde
Besteht aktuell eine Schwangerschaft?	Nein
Körperfettanteil (KFA)	30 % Beurteilung: Normal, (Gallhagher et al., 2000) Gemessen durch Bioelektrischer Impedanz Waage
Ruhepuls	65 Schläge pro Minute (S/min.) Ein Ruhepuls von 60-80 S/min ist normal. (Corazza, V., Daimler, R., Ernst, A., Federspiel, K., Herbst, V., Langbein, K., Martin, H.-P. & Weiss, H. (1992, S.838)
Blutdruck systolisch Blutdruck diastolisch	132 mm/ Hg 85 mm/ Hg (Bewertung: Hochnormal)

Einteilung der Blutdruck-Werte	Blutdruck	Systolischer Wert in mmHg	Diastolischer Wert in mmHg

laut WHO (Weltgesundheits-organisation)	Optimaler	<120	<80
	Normaler	120-129	80-84
	Hochnormaler	130-139	85-89
	Milde Hypertonie (Stufe 1)	140-159	90-99
	Milde Hypertonie (Stufe 2)	160-179	100-109
	Milde Hypertonie (Stufe 3)	>= 180	>= 110
BMI	25,25 (Übergewicht) (BMI für Erwachsene (World Health Organization, 1995)		
THQ	= 88cm: 113cm Ergebnis: 0,78 gynoide Fettverteilung (<0,85= gynoid, International Task Force for Prevention of Coronary Heart Disease. Wechsler, Schusdziarra, Hauner & Gries, 1996)		
Gesundheitliche Einschränkungen, ärztliche Behandlungen	Keine		
Medikamenteneinnahme	Keine		

Die Person hat keine Einschränkungen, die gegen ein Ausdauertraining sprechen, der Ruhepuls ist mit 65 S/ min im normalen Bereich, dieser wurde durch messen des Pulses an 4 Tagen direkt nach dem aufstehen ermittelt. Durch das Hobby Volleyball, 2 Stunden pro Woche, ist die Person als Freizeitsportler einzustufen zwar ohne Vorkenntnisse im Ausdauerbereich, jedoch nicht komplett untrainiert, da sie sich schon sportlich betätigt und auch z.B. 1-2x pro Woche mit dem Rad 10 km Strecke fährt.

Die Person hat als Hauptmotivation die Körperfettsenkung und Blutdruck zu verbessern, ihre Ausdauer zu verbessern, da sie diese auch beim Volleyballspielen braucht bzw. präventiv mehr für die Gesundheit und Fitness zu tun, diese Ziele werden durch eine genaue Planung im Folgenden angestrebt.

1.2 Leistungsdiagnostik/ Ausdauertestung

Zuerst wird die Leistungsfähigkeit der Person festgestellt, dazu wird der submaximale Radergometertest, der WHO Test (Weltgesundheitsorganisation) gewählt.
Der Radergometer ist optimal aufgrund der wenig trainierten Ausdauer der Person, das Fahrrad geringe koordinative Anforderungen mit sich bringt und der Test sehr gut reproduzierbar ist. Desweiteren gibt es belegte Normwerttabellen.
Das Fahrrad ist allgemein sehr beliebt und es gibt keine orthopädischen Fehlbelastungen. Eine Untrainierte Person sollte nicht gleich mit einem Vita Maxima Test an die Belastungsgrenze gebracht werden, sondern mit Spaß und Motivation in das Ausdauertraining eingeführt werden, deswegen ist hier dieser Test am besten geeignet.
Die Pulsobergrenze für den WHO Test berechnet sich aus 180-Lebensalter (Rost, 2002, S. 57), das bedeutet 150 S/ min.
Es wird eine durchschnittliche Umdrehungszahl von ca. 70 Umdrehungen/ min (U/min) +- 5 U/min festgelegt mit einer vorgegeben Wattsteigerung alle 2 Min. um 25 Watt.
Somit ergab sich folgender Verlauf:

Tab. 2: WHO Testprotokoll, eigene Darstellung

	Fahrradergometer Eingangstest	Watt Stufen	Herzfrequenz S/ min
1.	2 min	25	99
2.	2 min	50	111
3.	2 min	75	122
4.	2 min	100	131
5.	2 min	125	150
6.	2 min	150	-
		Watt Gesamt: 125	Watt/ Kg Körpergewicht: 1,56

Zur Bewertung:
Nach 10 min. bei Stufe Nr. 6 mit 150 Watt ist die Herzfrequenz zu rasch über 150 S/ min. angestiegen, deswegen wurde bei dieser Stufe abgebrochen und auch nicht anteilig berechnet.
Wird die erbrachte Leistung von 1,56 Watt/ kg Körpergewicht mit den Vorgaben der Watt- Soll- Leistung Normwerttabelle für 30 Jährige Frauen verglichen, ergibt sich eine unterdurchschnittliche Leistungsfähigkeit der Person.

Der Durchschnittswert liegt bei 1,62 Watt/kg.

Im Bereich der Grundlagenausdauer (GA1) soll die Person zu mehr Ausdauer trainiert werden. Die Ergebnisse waren, im Vergleich zum Alter und erbrachter Leistung nicht zufriedenstellend (Normtabelle für submaximale Radergometertests- relative Watt- Soll- Leistung, Watt pro kg, bei Frauen, modifiziert nach IPN, 2004, S. 8).

1.3 Gesundheits- und Leistungsstatus der Person

Die Person ist Ausdauer Anfänger, aber belastbar. Es gibt keine Einschränkungen die den Trainingsbeginn verhindern. Da die Person selbst enttäuscht war von den schlechten Testergebnissen, ist sie nun hochmotiviert an ihrer Ausdauer/ Gesundheit zu arbeiten. Ihr Bedarf wurde geweckt, sie erkennt: „ein aktiver Lebensstil kann somit sowohl zur Reduzierung von Krankheitsrisiken als auch zur Stärkung von gesundheitsrelevanten Ressourcen und Kompetenzen beitragen" (Pieter, 2013, S.227).

Sie möchte auf dem gelenkschonenden Rad weitertrainieren, da sie beim Volleyballtraining ihre Kniegelenke schon oft genug ausbelastet.

2 Teilaufgabe 2 – Zielsetzung/ Prognose

Genannte Ziele der Kundin:
Mehr Ausdauer und fitter, gesünder fühlen, Gewichtsreduzierung im Sinne von Fettpolster loswerden, Verbesserung des Blutdrucks, da sie auch zukünftig ihre Gesundheit erhalten will.

Aus den genannten Wünschen wurden gemeinsam folgende erreichbare Ziele erarbeitet:

Tab. 3: Zielsetzungen

Inhalt	Ausmaß	Zeit
Re- Test WHO mit verbesserter absoluter Watt Leistung	Von 125 Watt auf 150 Watt verbessern, diese Wattzahl zu fahren ohne die Pulsober-	6 Monate

	grenze zu erreichen	
Körperfett Reduktion	30 % Senkung auf 27 % Körperfettanteil	6 Monate
Senkung des Blutdrucks auf normal	Ziel ist die Senkung auf 128/ 82 mm/ Hg	6 Monate

Begründung zur Zielfestlegung: Einerseits sind es die Wünsche der Person und als Trainer können die Ziele ebenfalls unterstützt werden. Da die oben genannten Faktoren wie Blutdruck und Körperfettanteil nicht ideal sind, ist die Motivation gegeben diese zu verbessern. Realistisch ist eine Körperfettreduktion um etwa 250 g je Woche bei Sportlern.

Die Ziele wurden nicht zu hoch angesetzt, damit gerade ein Ausdauerbeginner nicht die Motivation verliert und auch Erfolge erkennt. Die Watt-soll Leistung ist nicht im Idealbereich und sollte verbessert werden um zukünftig eine gute Gesundheit/ Fitness gewährleisten zu können.

3 Teilaufgabe 3 – Trainingsplanung Mesozyklus

3.1 Grobplanung Mesozyklus

Tab. 4: Grobplanung Mesozyklus

Dauer des Mesozyklus	6 Wochen
Trainingszielsetzung	Entwicklung der GA1
Gesamttrainingsumfang	2-3 Stunden
Trainingsmethode für den Mesozyklus	Extensive Dauermethode (DM)
Belastungsintensität	55- 60 % der Hf$_{Reserve}$
Trainingshäufigkeit pro Woche	2-3
Trainingsdauer der Einheit	45 min.
Trainingsgerät	Fahrradergometer

3.2 Detailplanung Mesozyklus

Tab. 5: Detailplan des Mesozyklus 1

Trainings-woche	1	2	3	4	5	6
Trainingstag der Einheit	Dienstag, Freitag	Dienstag, Freitag	Dienstag, Freitag	Montag, Mittwoch, Freitag	Montag, Mittwoch, Freitag	Montag, Mittwoch, Freitag
Trainingsziel jeder Trainingseinheit	GA 1 Verbessern	GA 1 Verbessern	GA 1 Verbessern	GA1 Verbessern	GA1 Verbessern	GA1 Verbessern
Trainingsmethode der Einheit	Extensive DM	Extensive DM	Extensive DM	Extensive DM	Extensive DM	Extensive DM
Trainingsintensität Pulsunter- und Obergrenze	55%- 60% der Hf$_{Reserve}$	55%- 60% der Hf$_{Reserve}$	55%- 60% der Hf$_{Reserve}$	55%- 60% der Hf$_{Reserve}$	55%- 60% der Hf$_{Reserve}$	55%- 60% der Hf$_{Reserve}$
Trainingsherzfrequenz Pulsober- und Untergrenze	123 - 128 S/ min.	123 - 128 S/ min.	123 – 128 S/ min.	123 – 128 S/ min.	123 - 128 S/ min.	123 - 128 S/ min.
Trainingsdauer in Minuten	45	45	45	45	45	45
Ausdauertrainingsgerät	Fahrrad-ergometer	Fahrrad-Ergometer	Fahrrad-Ergometer	Fahrrad-Ergometer	Fahrrad-Ergometer	Fahrrad-Ergometer
Bewegungsform	70 U/min +/- 5 U/min	70 U/min +/- 5 U/min	70 U/min +/- 5 U/min	70 U/min +/- 5 U/min	70 U/min +/- 5 U/min	70 U/min +/- 5 U/min

3.3 Begründung zum Mesozyklus

Begonnen wird der Mesozyklus von Woche 1-3 mit 2 Trainingseinheiten am Dienstag und Freitag, da die Person angab 2-3mal die Woche trainieren zu wollen.
Somit wird die Person langsam an das Ausdauertraining herangeführt und hat noch freie Zeit, Samstag und Sonntag ihrem Hobbysport Volleyball nachzugehen.

Es wird in der 4. Woche eine Leistungssteigerung vorgenommen auf 3mal Training pro Woche. Gewählte Tage sind Montag, Mittwoch und Freitag um ihr 24 Stunden Erholung zu geben und das Training angenehm über die Woche zu verteilen, da donnerstags immer das Volleyballtraining ansteht.

Es gilt die GA1 zu verbessern, da mit dieser Methode nachweislich die Verbesserung des Fettstoffwechsels und Ökonomiesierung der Herz- Kreislauf Arbeit stattfindet.

Der Trainingsherzfrequenz wurde nach der Karvonen Formel (ACSM, 2006, S. 342) berechnet:

HF_{Ruhe}= 65 S/ min.

Hf_{max}= 200 – LA = 200-30= 170 S/min.

Thf (Fahrrad) = (Hf_{max}- HF_{Ruhe}) x Intensität in % + HF_{Ruhe}

Thf (Fahrrad) = (170-65) x 0,6+ 65 = **128 S/ min.**

Vorteile in der Karvonenformel liegen darin, dass durch die Größe der HF_{Ruhe} eine individuelle und vor allem leicht messbare Größe integriert ist.

Somit berücksichtigt Karvonen bei den Trainingsherzfrequenzvorgaben neben der Altersbedingten Veränderung der Hf_{max}, auch eine Trainingsbedingte Veränderung der HF_{Ruhe}.

Da nicht exakt in der gleichen Herzfrequenzhöhe gefahren werden kann, gibt es einen Bereich in dem trainiert werden soll um eine Über- oder Unterbelastung zu vermeiden. Angesetzt werden 55%- 60% der $HF_{Reserve}$, dies bedeutet ein Bereich von 123- 128 S/ min. Für Anfänger sind 55%- 60 % der $HF_{Reserve}$ optimale Intensitäten um Fettstoffwechseltraining und Herz – Kreislauf- Training zu betreiben sowie die Gesundheit zu stabilisieren.

Es wird bei Untrainierten empfohlen, mit einer $Hf_{Reserve}$ von 45-50% das Ausdauertraining zu beginnen. Bei der aktuellen Kundin wird mit 60% $HF_{Reserve}$ gestartet, weil sie früher schon Fitness gemacht hat, regelmäßiges Volleyballtraining hat und ab und zu Rad fährt. Außerdem liegt ihre Watt/kg Leistung kurz vor dem Durchschnitt der 30-34 jährigen Frauen und deswegen wird sie hier nicht als blutiger Beginner eingestuft.

Zur Trainingsdauer ist zu sagen, dass 45 min. kontinuierlich getreten werden soll, ohne Pause wenn möglich. Es sollte nicht niedriger als 60 U/min getreten werden, da es zu keiner Ausbelastung des Herz- Kreislauf Systems führt.

Die extensive Dauermethode (DM) ist optimal für Beginner im Ausdauersport. Sie spielt sich ausschließlich in der aeroben Stoffwechsellage ab und durch diese moderate Belastungsintensität wird während der Belastung kaum überschüssiges Laktat produziert, was positiv zu bewerten ist, da eine Energiebereitstellung aus Fetten gewährleistet ist. Weiterhin passt die extensive DM optimal zu den Zielen der Kundin: wie oben genannt den Fettstoffwechsel anzukurbeln, die Gesundheit zu stabilisieren und ein Herz – Kreislauf- Training zu betreiben (Hottenrott, 2006, S64 ff.).

Nach 3 Monaten ist ein Walking Training auf dem Laufband im Trainingsplan zu empfehlen, damit der Radergometer nicht zu einseitig/langweilig wird und neue Variablen ins Training eingebaut werden können.

Desweiteren ist Walking eine andere Belastung für den Kreislauf als auf dem Radergometer. Es beteiligt zahlreiche Muskelgruppen und wie es sich Kundin wünscht ist es weiterhin Kniegelenkschonend.

Zur Belastungsprogression: Es sollte immer zuerst die Häufigkeit pro Woche, dann die Dauer der Einheit und zum Schluss die Intensität in % erhöht werden.

Daher steigert sich im oben dargestellten Trainingsplan zuerst die Häufigkeit, von 2 auf 3 Trainingseinheiten pro Woche. Nach 3 Monaten kann eine Steigerung der Dauer der Einheit von 45 auf 60 min. in Planung genommen werden, vor allem wenn der Re Test nach 3 Monaten Verbesserungen zeigt.

Für einen Trainingsbeginner ist der Start mit 45 Min. pro Trainingseinheit völlig ausreichend, damit das Durchhaltevermögen und der Spaß lange erhalten bleiben.

Der Trainingsbereich von 55-60 % der $HF_{Reserve}$ ist die geeignete Trainingsmethode für die Ziele der Kundin (Hottenrott, 2006, S.64ff.). Dieser Bereich sollte unbedingt eingehalten werden um die größte Effektivität im Training zu erzielen. Es ist nicht anzuraten die Belastungsintensitäten nach Gefühl innerhalb der ersten 3-6 Monate zu erhöhen, da dies keine Gesundheitliche Relevanz hat. Die genaue, aktuelle Trainingsherzfrequenz kann erst nach einem Re Test festgelegt werden. So können beste Erfolge erzielt werden.

Der Radergometer bringt viele Vorteile für den Kunden, aber auch für den Trainer mit sich, da die Belastung jederzeit reproduzierbar und exakt dosierbar ist. Es herrscht eine geringe Gefahr von orthopädischen Fehlbelastungen, es gibt kaum koordinative Anforderungen und es existieren Normwerte zum individuellen Leistungsvergleich.

4 Teilaufgabe 4 – Literaturrecherche

Tab. 6: Effekte des Ausdauertrainings bei Übergewicht – Studie 1

Wer hat die Studie durchgeführt?	Fisher G., Brown AW., Bohan Brown MM., Alcorn A., Noles C., Winwood L., Resuehr H., George B., Jeansonne MM., Allison DB. PLoS One. 2015 Oct 21, eCollection 2015.
In welchem Jahr wurden die Studien publiziert?	2015
Mit welchen Versuchspersonen wurden die Studien durchgeführt?	28 Sitzende übergewichtige oder fettleibige Männer (Alter, 20 ± 1,5 Jahre, Body Mass Index 29,5 ± 3,3 kg / m2)
Wie sah der Versuchsaufbau der Studien aus?	Eine randomisierte kontrollierte Studie. Zum Vergleich der Effekte von 6 Wochen intensivem Intervalltraining (HIIT) entgegen kontinuierlichem mäßigem Intensitätstraining (MIT) zur Verbesserung der Körperzusammensetzung, der Insulinempfindlichkeit (SI), des Blutdrucks, der Blutfette und der kardiovaskulären Fitness von sitzenden Übergewichtigen oder Fettleibigen jungen Männern. Die HIIT Gruppe mit 1 Stunde Aktivität pro Woche im Vergleich zu 5 Stunden pro Woche für die MIT-Gruppe. Sechswöchige Übung:Die Teilnehmer wurden nach dem Zufallsprinzip zu HIIT oder MIT zugeordnet und bewertet und auf dem Laufband getestet. Im Vergleich zu HIIT (11,1% vs. 2,83%, P = 0,0185) wurde in der Voll-Fall-Analyse eine größere Verbesserung des VO2-Max beobachtet. Es gab keine Unterschiede in der Absicht, die Analyse zu behandeln, und keine anderen Gruppenunterschiede wurden beobachtet. Beide Trainingsbedingungen waren mit zeitlichen Verbesserungen in% Körperfett, Gesamtcholesterin, mittlerem VLDL, mittlerem HDL, Triglyzeride, SI und VO2 Max (P <0,05) assoziiert.
Welche relevanten Ergebnisse und Schlussfolgerungen lieferten die Studien?	Teilnahme an HIIT oder MIT Übungstraining zeigte: 1. verbesserte SI, 2. reduzierte Blutfette, 3. Verringerter Körperfettanteil in % und 4. verbesserte kardiovaskuläre Fitness. Während beide Übungsgruppen zu ähnlichen Verbesserungen bei den meisten kardiometabolischen

	Risikofaktoren führten, führte das MIT zu einer größeren Verbesserung der gesamten kardiovaskulären Fitness. Insgesamt weisen diese Beobachtungen darauf hin, dass eine relativ kurze Dauer der HIIT- oder MIT-Ausbildung die kardiometabolischen Risikofaktoren bei früher sitzenden übergewichtigen oder fettleibigen jungen Männern verbessern kann, ohne dass ein deutlicher Vorteil zwischen diesen beiden spezifischen Regimen besteht.

Tab. 7: Effekte des Ausdauertrainings bei Übergewicht – Studie 2

Wer hat die Studie durchgeführt?	Journal of physical therapy science 2015 Oct; 27(10):3039-44. doi: 10.1589/jpts.27.3039. Epub 2015 Oct 30. Hagner-Derengowska M., Kałużny K., Hagner W., Kochański B., Plaskiewicz A., Borkowska A., Bronisz A., Budzyński J.
In welchem Jahr wurden die Studien publiziert?	2015
Mit welchen Versuchspersonen wurden die Studien durchgeführt?	32 Frauen im Alter von 50-68 Jahren (durchschnittlich 59,7 ± 5,9 Jahre).
Wie sah der Versuchsaufbau der Studien aus?	Das Ziel dieser Studie war es, die Wirkung eines zehnwöchigen Nordic Walking (NW) Rehabilitationsprogramms auf ausgewählte anthropometrische Parameter und das Niveau der basischen Lipide im übergewichtigen und fettleibigen postmenopausalen Frauenblut zu bewerten. Die Studie wurde nach einem nicht-randomisierten Modell durchgeführt und führte die NW-Rehabilitation 5-mal pro Woche, die für 10 Wochen dauerte, sowie eine kalorienarme 1.500 kcal-Diät. Die therapeutischen Ergebnisse der Studie wurden durch Veränderungen der anthropometrischen und biochemischen Parameter gemessen. Die Ergebnisse wurden einer statistischen Analyse unterzogen.
Welche relevanten Ergebnisse und Schlussfolgerungen lieferten die Studien?	Nach 10 Wochen der NW-Rehabilitation wurde beobachtet, dass die Teilnehmer Gewicht verloren und ihr BMI sank. Darüber hinaus, während das Niveau der Gesamt-Cholesterin, LDL und Triglyzeride sank, und das Niveau

der HDL erhöht.

Ergebnis: Die nach dem NW-Modell durchgeführte Rehabilitation führte zu statistisch signifikanten Veränderungen der basischen Lipide im Blut, die den Prozentsatz der Personen, die den empfohlenen Blutfettwert erreicht haben, deutlich erhöht haben. Fettleibige Personen wurden durch eine kleinere Rehabilitation Gewichtsverlust gekennzeichnet. Intensivere Trainings und Zusammenarbeit mit einem Diätassistenten sind erforderlich.

5 Literaturverzeichnis

American College of Sports Medicine (ACSM). (2006). *ACSM's Guidelines for Exercise Testing and Prescription* (7th Ed.). Philadelphia: Lippincott Williams & Wilkins. S. 342

Corazza, V., Daimler, R., Ernst, A., Federspiel, K., Herbst, V., Langbein, K., Martin H.-P. & Weiss, H. (1992). *Kursbuch Gesundheit*, Verlag Kiepenheuer & Witsch. S.838

Fisher G., Brown AW., Bohan Brown MM., Alcorn A., Noles C., Winwood L., Resuehr H., George B., Jeansonne MM., Allison DB. (2015)
High Intensity Interval- vs. Moderate Intensity- Training for Improving Cardiometabolic Health in Overweight or Obese Males: A Randomized Controlled Trial.
PLoS One. 2015 Oct 21, doi: 10.1371/journal.pone.0138853. eCollection 2015

Gallhagher et al. (2000) *The American Journal of Clinical Nutrition*
Healthy percentage body fat ranges: an approach for developing guidelines based on body mass index1–3. S. 696

Hagner-Derengowska M., Kałużny K., Hagner W., Kochański B., Plaskiewicz A., Borkowska A., Bronisz A., Budzyński J. (2015).
The influence of a ten-week Nordic walking training- rehabilitation program on the level of lipids in blood in overweight and obese postmenopausal women.
Journal of physical therapy science 2015.10.27) Epub 2015 Oct 30.

Hottenrott, K. (2006). *Trainingskontrolle mit Herzfrequenz- Messgeräten.* Aachen: Meyer & Meyer. S64 ff

Pieter, A. (2013). *Studienbrief Gesundheitsförderung Kind/ Jugend 1 – Spezielle Aspekte und Handlungsfelder.* Saarbrücken: DHfPG, S.227

Rost, R. (2002). *Lehrbuch der Sportmedizin.* Köln: Deutscher Ärzte- Verlag, S. 57

Schusdziarra V., H. Hauner & F. A. Gries, J.G. Wechsler (1996). *Therapie der Adipositas*. Deutsches Ärzteblatt 93: A2214-A2218 [Heft 36]

WHO. (1995). Body Mass Index:
who.int/bmi/index.jsp?introPage =intro_3.html

WHO. (1999). Einteilung der Blutdruck-Werte laut WHO (Weltgesundheitsorganisation): https://www.blutdruckdaten.de/lexikon/blutdruck-normalwerte.html
(Zitiert nach Sabine Croci, 2016)

6 Tabellenverzeichnis

Tab. 1: Allgemeine und Biometrische Daten 3/4
Tab. 2: WHO Testprotokoll, eigene Darstellung 5
Tab. 3: Zielsetzungen 6/7
Tab. 4: Grobplanung Mesozyklus 7
Tab. 5: Detailplan des Mesozyklus 1 8
Tab. 6: Effekte des Ausdauertrainings bei Übergewicht – Studie 1 11
Tab. 7: Effekte des Ausdauertrainings bei Übergewicht – Studie 2 12

BEI GRIN MACHT SICH IHR WISSEN BEZAHLT

- Wir veröffentlichen Ihre Hausarbeit, Bachelor- und Masterarbeit

- Ihr eigenes eBook und Buch - weltweit in allen wichtigen Shops

- Verdienen Sie an jedem Verkauf

Jetzt bei www.GRIN.com hochladen und kostenlos publizieren